SOUVENIRS RELIGIEUX :

*Pour les familles de M. et Mme Léopold de Bellaing, leurs parens au
quatrième degré et leurs alliés au même degré (1).*

Le soussigné, ayant eu l'extrême bonheur d'être reçu par Sa Sainteté Grégoire XVI, et d'obtenir de lui une bénédiction circonstanciée, croit, dans l'intérêt de sa famille, ainsi que des autres personnes qui participent à cette bénédiction, devoir, dans un narré succinct, exposer les circonstances de la bénédiction, qu'il a obtenue et de l'audience dont il s'est trouvé si heureux et si honoré. Il pense, que ce monument contribuera à conserver et à perpétuer dans sa famille les sentiments de foi et d'union à l'Eglise de J.-C. qui la caractérisent, et à lui conserver ce lien qui peut seul, pendant la vie, unir l'homme à Dieu, et assurer la fin de sa création en le conduisant par ce fil au lieu de la félicité éternelle qui est le sein de Dieu.

C'est à la prière de Mgr Capaccini (2) que l'audience a été accordée : la demande ayant été portée à Sa Sainteté par son Eminence le Cardinal Bernetti, secrétaire d'Etat, Elle daigna décider que le soussigné lui serait présenté par Mgr Capaccini lui-même ; et le jour de la Fête-Dieu, Sa Sainteté dit à Mgr Capaccini, qu'Elle recevrait M. de Bellaing le dimanche 9 juin, à 10 heures du matin, dans son cabinet privé.

Admis à l'audience, le soussigné se prosterna aux pieds du Saint Père, qui le releva avec bonté, lui permit de lui baiser la main, et le fit asseoir en face de lui ; Mgr Capaccini était assis à côté de Sa Sainteté. Le Saint Père comprend le français, et indique par le dialogue, qu'il sent toute la portée des pensées

---

(1) Ces souvenirs religieux se rattachent à deux personnes diverses, à deux membres de la famille, *Arable de Bellaing*, *Mélanie de Bellaing* : ils se reportent également à deux époques distinctes : les premiers, relatifs à Arable de Bellaing, imprimés en 1833 et reproduits textuellement ; les seconds, relatifs à Mélanie de Bellaing, et imprimés pour la première fois en 1870, pour devenir par leur réunion un précieux document de famille.

(2) Mgr *Capaccini*, alors ministre d'Etat *à Rome*, avait rempli les éminentes fonctions de *nonce du pape*, auprès du *roi des Pays-Bas* et d'autres souverains.

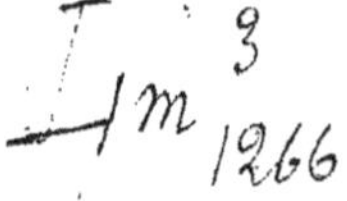

1871

exprimées ; il parle en italien, avec une précision telle et d'une manière si bien articulée, que le soussigné, qui sait très-peu l'italien, n'a eu à demander que l'explication de quelques mots.

L'effet que produisent la vue, les manières et les discours du Saint Père, c'est de le faire reconnaître pour un saint et un homme supérieur, c'est-à-dire de convaincre qu'il est à la fois tout ce qui doit obtenir l'inspiration divine, et digne, humainement parlant, d'en manifester les effets.

Il est inutile d'entrer dans des détails qui ne se rattachent point au but de cet écrit. Le soussigné ayant demandé à Sa Sainteté, s'il pouvait lui présenter par écrit la demande d'une bénédiction circonstanciée, Elle répondit négativement, l'autorisant cependant à en détailler verbalement l'objet. Le sousssigné demanda d'être *béni lui, sa femme, sa nièce et pupille Eudoxie, et tous ses parens et ceux de sa femme jusqu'au quatrième degré de parenté, et les alliés au même degré;* demandant *que cette bénédiction renfermât une indulgence plénière à l'article de la mort pour tous ceux à qui elle s'appliquait.*

Le soussigné a encore demandé à Sa Sainteté, de daigner bénir spécialement Madame *Mélanie de Bellaing sa nièce, novice au couvent du Sacré-Cœur à Rome, et son autre nièce Candide, religieuse à la Visitation de Troyes et son couvent.*

Ces bénédictions ont été accordées par Sa Sainteté, en les accompagnant des expressions de la plus touchante bonté et des marques de l'intérêt le plus charitable.

Le soussigné a encore demandé au Saint Père de daigner bénir le curé de Gyé-sur-Seine, dont le zèle et la piété sont exemplaires, rappelant la conduite qu'il a tenue lorsque le choléra a foudroyé sa paroisse. Le Saint Père a accordé cette bénédiction, en ajoutant qu'il avait apprécié la belle conduite du clergé de France lors de l'invasion du choléra ; que le pieux dévouement qui lui était exposé serait recompensé de Dieu, comme l'accomplissement du devoir d'un bon pasteur ; il a chargé le soussigné de transmettre cette assurance à celui qu'elle concerne. Sa Sainteté accompagna ces paroles d'autres encore qui prouvent, combien il est digne d'être à la tête de tous les pasteurs, et toute l'élévation des sentiments de son âme, quant à l'appréciation des devoirs de charité.

Enfin, le soussigné a pris la respectueuse liberté, d'entretenir Sa Sainteté de la perte qu'il vient de faire d'un neveu son véritable fils adoptif, et lui a demandé sa bénédiction particulière pour l'abbé Auger, chanoine de Troyes (et sa famille) qui en fut le précepteur, lui disant que ce respectable ecclésiastique était inconsolable de la perte de son élève. Sa Sainteté, par les expressions de sa tendre compassion, a fait couler les larmes du soussigné et mouillé les yeux de Mgr Capaccini : accordant la bénédiction demandée, il a ajouté que la pieuse mort de l'élève devait consoler le maître.

Sa Sainteté a daigné donner au soussigné trois crucifix, l'un pour lui, l'autre pour sa femme, le troisième pour sa nièce Eudoxie, expliquant qu'il y était attaché une indulgence plénière à l'article de la mort, et la même indulgence tous les mois en approchant du sacrement d'Eucharistie.

A Rome, ce 9 juin 1833.

Léopold de BELLAING.

Nota. Le soussigné ayant voulu s'assurer de l'exactitude de la relation ci-dessus, l'a communiquée à Mgr Capaccini, qui a trouvé convenable de la soumettre au Saint Père. Mgr Capaccini a dit à M. de Bellaing que Sa Sainteté avait remarqué avec satisfaction, la fidélité du compte rendu, approuvé les motifs qui avaient déterminé à le rédiger, et a été touché des sentiments qui avaient inspiré certaines phrases.

————

Le but d'affermir le sentiment religieux, dans les membres nés et à naître de la famille qui a déterminé à transcrire ce qui est ci-dessus, semble prescrire d'y ajouter ce qui suit : Si la mort, qui y est retracée a été précédée de celle édifiante de tous les membres de la famille qui ont cessé d'être depuis 40 ans, celle-ci semble en outre avoir des caractères pratiques, si on peut s'exprimer ainsi, et autoriser d'ailleurs à demander à celui dont la fin est si chrétienne, d'obtenir de Dieu les sentiments à la hauteur desquels il a été élevé dans le moment solennel.

————

EXTRAIT de la lettre de M. l'abbé Rihet, *ancien sous-principal du collége de Pont-Levoy, confesseur de M.* Aralde de Bellaing (*), *et professeur du cours de rhétorique qu'il suivait. Du 16 juillet 1833. A M.* de Bellaing.

J'ai retrouvé la lettre du cher Aralde, lettre à laquelle vous attachez beaucoup de prix ; tout ce qui vient de lui doit être précieux pour vous, qui le

———

(*) Aralde a toujours cherché, dès sa plus tendre jeunesse, à avoir pour confesseur ses maîtres ou ceux qui avaient le plus de rapport avec lui et pouvaient par là le mieux connaître. Il était né le 9 décembre 1814 ; il est mort le 28 janvier 1833.

connaissiez , et je puis dire pour moi, qui dans le peu de temps que j'ai vécu avec lui , ai eu l'occasion d'apprécier sa rare vertu. Vous me demandez quelques renseignemens , pour suppléer à ceux que l'abbé Roger pourrait avoir omis ; je vais vous retracer celles de ses paroles qui peuvent le plus vous intéresser. Dans le cours de sa maladie, il m'a plusieurs fois parlé de vous , ainsi que de sa tante et de ses sœurs. Un jour, surtout, il me dit : « O Monsieur ! vous, mon meilleur ami, si je venais à mourir, vous me regretteriez, vous ne m'oublieriez pas, j'en suis sûr ! Mais ce bon oncle, cette chère tante que le bon Dieu m'a donnés pour remplacer mon père et ma mère, ah ! ils m'aiment autant que si j'étais leur fils. Quel chagrin ! quelle douleur ils auraient ! et ces pauvres sœurs ! O mon Dieu ! ils prieraient bien pour moi; j'aurais de bonnes prières ; non, jamais ils ne m'oublieraient: c'est bien consolant, ô mon Dieu ! » Ce sont ses propres paroles ; après cela il se mit à pleurer, il me présenta la main, et je pleurai avec lui en l'embrassant. Pendant sa convalescence , il me parla aussi plusieurs fois de son oncle, de sa tante et de ses sœurs ; mais au moment de sa rechute, qui fut, comme vous le savez, le commencement de son agonie, ses pensées furent toutes pour Dieu. Il me demanda, et quand j'arrivai près de lui, il me serra la main et me dit en pleurant : « O mon père ! vous voilà auprès de moi, je ne souffre plus. Quel bonheur ! quelle consolation ! confessez-moi. » Il éprouvait en ce moment des crises nerveuses très-fortes, et les efforts inutiles qu'il faisait lui occasionnaient les plus vives douleurs. Après s'être confessé, il me demanda de mettre un crucifix sur son lit, et au milieu de ses violens accès , il prenait la croix , et les yeux fixés sur l'image du Sauveur, avec une expression de foi qu'il m'est impossible de vous dépeindre, il s'encourageait à souffrir à l'exemple de son Dieu, et disait souvent. « Ce n'est rien cela : peut-on dire qu'on souffre en voyant J.-C. ? O mon Sauveur, c'est pour vous que je souffre ! » Il me demanda, à 9 heures du soir, de lui donner l'extrême-onction. M. Demeuré, qui arriva au moment où je me disposais à lui administrer ce sacrement, me dit qu'il n'y avait pas de danger, qu'il fallait attendre. Il adressa alors la parole au bon Aralde, pour l'engager à ne pas s'inquiéter ; que ses souffrances étaient occasionnées par une crise nerveuse. Aralde lui répondit : « Non, Monsieur, ce n'est pas seulement une crise nerveuse, c'est le commencement de mon agonie, je ne me tourmente pas. Quand on a goûté la vie et qu'on sait apprécier les promesses de la foi, la mort n'est pas effrayante, on la regarde de sang-froid. » Il renouvelle avec la plus grande ferveur ses transports au crucifix, et les courtes oraisons, ou plutôt ses exclamations qui montraient si bien l'ardeur de la foi et la pureté de son âme. A minuit je lui donnai l'extrême-onction , indulgence plénière de la bonne mort : je le croyais près de sa fin , il réunit ses forces, répondit à toutes les prières ; en un mot , je puis vous dire que pendant cinq ans que j'ai exercé le ministère dans la pieuse ville de Rennes , je n'ai jamais vu parmi les nombreux malades que j'ai assistés à leurs derniers momens, une personne montrer une si grande résignation à la volonté de Dieu, un si vif désir de s'unir à J.-C., et tant de marques de prédestination. A peine eut-il reçu l'indulgence de la bonne mort, qu'il fut comme dans le ravissement, ne pouvant exprimer son bonheur. Quelques minutes après, il fut saisi d'une terreur qui me rappella ce qui se passa à la mort de St Martin de Tours ; il s'élance de son lit, se jette à mon cou , et dit : « O mon père ! mon bon ange, sauvez-moi ! le démon m'entraîne : à mon secours ! » Ces cris étaient l'expression d'une frayeur qui avait décomposé ses traits. Je le rassurai, et un moment après il s'écria : « Non, je ne serai pas à toi ! Mon Dieu, je serai à vous ! je vous posséderai ! ô mon Dieu, quel bonheur ! Le ciel ! y serai-je bientôt ? O mon Dieu, protégez-moi dans ce dernier moment ! » Je ne vous retracerai pas ce qui se passa depuis ce moment. M. Roger vous a sans doute donné ces détails ; il était présent quand je lus les prières des agonisans et que je fis venir dans sa chambre les élèves de sa classe qui désiraient le voir. Deux minutes à peu près avant sa mort, il me tendit la main , en me disant : « Mon père, je ne souffre plus, je suis comme en santé. C'est bien long une agonie : je sais que je vais bientôt mourir, cependant ! » Prenant alors la croix d'une main et continuant de serrer la mienne de l'autre, il me dit en jetant les regards sur la croix avec un sentiment tout céleste : » Confiance ! n'est-ce pas , mon père ? Amour ! » Elevant les yeux au ciel et levant la croix de sa main : Espérance ! » Et à ce mot il quitta la terre.

Nota. Aralde n'a parlé à l'abbé Rihet, que de ceux de ses parens qu'il connaissait et de ses sœurs, quoiqu'il aimât tendrement ses autres parents et sa belle-mère.

Dans ses derniers moments, il ne parle d'aucun de ceux qu'il aimait ; par un effet de la grâce, il ne les envisageait plus que comme faisant partie du corps mystique de J.-C. , auquel il s'était si intimement uni par les souffrances et par la foi.

EXTRAIT de la lettre de M. ROGER, *aumônier du collége de Pont-Levoy, du 10 février 1833, qui a accompagné le corps de* M. ARALDE, *transporté à Bellaing dans le caveau de sa famille.*

« Me permettrez-vous, Monsieur, de vous témoigner combien je prends part
» à vos peines, et de vous rappeler aussi plus positivement les abondantes con-
» solations que la Providence vous a ménagées? Je prendrai la liberté de vous
» donner quelques détails sur les derniers moments *du juste*. On me fait
» espérer que j'aurai l'honneur de vous voir ; c'est pourquoi j'attendrai pour
» vous les communiquer de vive voix. — J'ajouterai seulement que les regrets
» de tous les maîtres et de tous les élèves, n'ont été égalés ou surpassés que par
» leur admiration pour tant de vertus. Malgré ma peine , j'éprouve une grande
» joie à remplir le saint ministère que l'on a bien voulu me confier. Les pre-
» miers chrétiens ne pleuraient pas en recueillant la cendre des martyrs; ils
» faisaient éclater les transports de leur allégresse. Et moi aussi , malgré ma
» tiédeur, je suis tenté souvent de réciter les hymnes de la joie pendant le
» voyage du deuil !.... »

EXTRAIT de la lettre du 18 août 1841 , du Reverend Père LAMARCHE,
*Procureur de l'ordre des Dominicains , supérieur du couvent de Ste Marie
de la Minerve à Rome , écrite à* M. *Léopold* DE BELLAING, *relativement
à la mort de sa nièce et pupile ,* Mélanie DE BELLAING, *religieuse au
Couvent du Sacré-Cœur de la Trinité-des-Monts , à Rome.*

« Vous avez sans doute appris, par Madame la Supérieure de la Trinité-
» des-Monts , la pénible nouvelle de la perte que leur Congrégation vient
» de faire , ainsi que vous, Monsieur, et votre respectable famille , de la
» vertueuse Mme Mélanie votre nièce, décédée après avoir encore reçu le
» Saint Viatique pour la deuxième fois, une demie heure avant sa mort,
» le 21 juillet, vers 6 heures du matin. Comme je suis persuadé que la supé-
» rieure vous aura donné des nouvelles détaillées sur les circonstances qui
» ont précédé et accompagné la mort de cet ange en chair, je me borne à
» vous dire pour votre consolation, que j'ai une intime conviction que cette
» belle âme qui était la vertu personnifiée, jouit depuis longtemps d'une bien

» grande gloire, et qu'au lieu d'avoir une nièce sur la terre, qui certes ne
» cessait d'offrir constamment de ferventes prières au céleste époux de son
» âme, pour vous et votre respectable famille, vous avez tous maintenant
» une très-puissante protectrice auprès du trône du Tout-Puissant.

» D'après ce que m'a dit la supérieure, il n'y a point de doute, que la ver-
» tueuse Mélanie, n'ait eu connaissance de sa mort à peu près un mois avant
» puisqu'elle a dit positivement à la supérieure, que si elle ne mourait pas
» pour la fête du Sacré-Cœur, elle n'irait pas loin au-delà, et l'événement
» l'a prouvé »

Nota. Le Père Lamarche rend compte de l'entretien qu'il a eu avec la supérieure du couvent, sur les circonstances de l'évènement dont il fait part à
M. de Bellaing ; — mais on se borne à ce qui est résumé ci-dessus dans la
lettre du P. Lamarche, comme pouvant produire l'édification, qui est le but
à atteindre, pour assimiler la mort de la sœur d'Aralde à celle de son frère.

Ce qui est ci-dessus rapporté, ayant été à la connaissance de S. Exc. le
cardinal Zourla, vicaire de Rome, qui avait fait prononcer les vœux de la
sœur Mélanié, quand il parlait d'elle, il la désignait en l'appelant la sœur du
saint.

Les détails donnés directement à M. de Bellaing par Mme la Supérieure, lors
du décès de Mélanie, ont été remis par lui à ses sœurs, Mme Marie de Sales
de Bellaing, religieuse au couvent de la Visitation à Troyes, et Mme Ludovic
de Belot, née de Bellaing, ce qui est cause qu'ils ne sont pas reproduits ici.

<hr>

En consignant ici, ces souvenirs religieux, nous nous conformons à un
usage suivi par les catholiques les plus fervens..... Retracer la vie de ces
âmes d'élite, les offrir pour exemple et modèle aux autres, c'est le meilleur
moyen de continuer et perpétuer dans les familles, les traditions, de devoir,
de dévouement, d'honneur, de vertu, auxquelles seules s'attachent, la considération personnelle dans ce monde et le bonheur éternel dans l'autre.

C'est là, ma dernière recommandation, comme le plus ardent et le plus
cher de mes vœux...

Léopold de BELLAING.

Oloron-Sainte-Marie (Basses-Pyrénées) 1870.

ANNEXE

AUX SOUVENIRS RELIGIEUX : [1]

Lettre de Mgr CAPACCINI, *ministre d'Etat à Rome, du 4 juin 1833.*

Mgr Capaccini a l'honneur de présenter ses hommages à M le chevalier de Bellaing et de le remercier de l'envoi des brochures qu'il s'empressera de lui remettre aussitôt qu'il les aura lues.

Il a également l'honneur de lui envoyer un billet d'entrée à une place distinguée pour voir la procession de la Fête-Dieu. M. le chevalier y trouvera S. A. S. le prince héréditaire de Hohenzollern-Héchinger, Mad. la princesse de Colloredo, Mad. la princesse Wolkonsky et autres personnages de distinction. Il faut se rendre à l'endroit désigné vers, ou pour mieux dire *avant*, 7 h. et demi du matin, car la procession commence à 8 h.

Sa Sainteté a eu la bonté de faire dire à Mgr Capaccini qu'Elle veut que M. M. le chevalier de Bellaing lui soit présenté par Mgr Capaccini lui-même. Ainsi Mgr Capaccini dans trois ou quatre jours prendra les ordres du Saint Père pour fixer le jour et l'heure, et il se fera un devoir d'en avertir M. de Bellaing.

Pour ce qui regarde les indulgences que M. de Bellaing désire qu'elles soient attachées à la prière composée par son neveu, Mgr Capaccini ne croit pas que cela s'accorde par le Saint Siége. Toutefois il fera les démarches nécessaires, et si cela se pratique pour d'autres prières composées par des particuliers, il se flatte qu'il obtiendra la même faveur pour M. de Bellaing.

Du Quirinal, le 4 juin 1833.

Lettre du même, du 7 juin 1833.

Monsieur le chevalier,

Sa Sainteté a eu la bonté hier au soir de fixer le jour et l'heure où j'aurai l'honneur de vous présenter à lui dans son cabinet privé. Ce sera dimanche 9 juin un peu avant dix heures du matin. Si vous me le permettez, Monsieur le

---

[1] Ces pièces nouvelles forment la *suite* et le *complément des Souvenirs religieux.*

chevalier, j'irai vous chercher avec ma voiture entre 9 heures et quart et 9 heures et demi pour être au Vatican un peu avant 10 heures.

Agréez, Monsieur, l'assurance de ma considération distinguée avec laquelle j'ai l'honneur d'être,

Votre très-humble et très-obéissant serviteur,

T. CAPACCINI.

Du Quirinal, le 7 juin 1833.

Lettre de M. l'abbé RIHET, *ancien sous-principal du collège de* Pont-Levoy, *du 20 octobre 1833.*

Monsieur,

Je ne puis vous exprimer l'émotion que m'a fait éprouver votre lettre, elle m'entretenait de mon cher Aralde, je ne l'oublierai jamais : il est à la tête de ces chers élèves de Pont-Levoy auprès desquels le bon Dieu avait béni mon ministère et pour lui je n'ai plus d'inquiétude, il possède la couronne de justice. Quelques mois après sa mort, j'ai eu encore à regretter un de nos bons enfants; il est mort aussi lui dans des dispositions bien chrétiennes, et avec une grande résignation. Le souvenir du *saint* l'encourageait; vous ne sauriez croire en effet quelle impression Aralde avait fait sur ces élèves; le plus grand nombre avait copié cette prière que vous m'aviez adressée, et que je conserve comme un précieux souvenir de celui qui prie maintenant pour nous. Que je désirerais avoir l'occasion de vous revoir, ainsi que de faire la connaissance de cette sœur qui vous retrace ses traits, sa piété et ses vertus. Je serais heureux d'entrer avec vous dans tous les détails qui concernent l'ange que nous avons perdu; détails qu'il m'est impossible de vous exprimer dans une lettre. Mais elle est loin de contenir tout ce qu'il y a eu d'édifiant dans cette mort précieuse devant le Seigneur. Les religieuses présentes à son agonie, m'ont dit qu'elles n'avaient jamais vu une si belle mort. Une d'elles, la sœur Adelaïde qui n'est plus au collége, a été depuis très-mal; dans le délire qu'on regardait comme précurseur d'une mort certaine, car on lui donna l'extrême-onction, elle s'écriait « quoi, » mon Dieu, une religieuse n'aurait pas autant de résignation qu'un jeune » homme qui possédait de si grands avantages dans le monde ! Elle vous aime » rait moins ! » Je tiens ces détails de la supérieure qui l'a entendu elle même répéter le nom de M. de Bellaing. Ceci est plus expressif que tout ce que je pourrais vous dire !

Signé, RIHET.

P. S. Au milieu des détails qui se rapportent à notre cher *Aralde*, il en est un encore dont je veux vous parler. Après sa mort, plusieurs élèves demandèrent à avoir de ses cheveux, et on leur accorda l'objet de leur demande, ce n'était point l'effet, d'une connaissance particulière, car j'en ai vu un qui ne le connaissait même pas de vue, qui portait toujours sur lui ses cheveux *et la prière que vous m'avez envoyée.*

PRIÈRE (1)

De M. ARALDE DE BELLAING (2).

« Mon Dieu, préservez-moi du désir des choses vaines ; préservez-moi de la louange et de l'approbation des hommes, et accordez-moi de faire le bien et de n'en pas désirer la récompense ici-bas. Ne me rendez pas semblable aux vils mercenaires de la terre, qui ignorent la douceur de cette gloire si pure que le chrétien trouve à pouvoir, d'après les promesses de votre libérale miséricorde, vous compter au nombre de ses débiteurs. Que je ne sois pas, ô mon Dieu, semblable à ce malheureux qui veut que chaque jour, chaque heure, chaque moment, lui apporte le salaire de ses efforts et de ses bonnes œuvres ; oubliant que vous en êtes le véritable auteur, il n'en doit recevoir jamais qu'une si basse récompense, au lieu de celles qui participent de votre immensité. Mon Dieu, faites que ma conduite extérieure soit ce qu'elle doit être pour l'édification du prochain, et contribuer à votre gloire autant que je le puis, malgré ma vilité ; mais que ce soit sans me distinguer, sans m'attirer des éloges. Que mon culte, Seigneur, soit surtout intérieur. Régnez en moi, ô mon Dieu, pour y produire les mouvements continuels vers vous, qui sont les signes de la véritable vie, et font arriver au port du salut par la route où règne cette paix que vous seul pouvez procurer !

» Il fera la volonté de ceux qui le craignent, il exaucera leurs prières, et il les sauvera. »

Lettre de Mélanie de Bellaing, du 11 mars, à la Trinité du Mont à Rome 1833.

Mon cher oncle et ma chère tante,
Mon cœur est si pénétré de reconnaissance pour tout ce que vous venez de

---

(1) *La prière qui monte, là d'où la grâce descend, est la conversation de l'âme avec Dieu.*
(L'abbé BAUTAIN.)

(2) Né à Bruxelles, le 9 décembre 1814, chevalier de justice de l'ordre de Saint-Jean-de-Jérusalem, dit de Malte; il a terminé sa vie par la mort des justes au collége de Pont-Levoy, le 28 janvier 1833.

faire encore pour ma bien chère Eudoxie (1) au moment où son cœur et les vôtres, étaient si affligés que je sens le besoin de vous le témoigner tout de suite. Combien donc je vous remercie tous les deux des sacrifices nouveaux que vous vous êtes imposés pour adoucir la peine sensible qu'elle vient d'éprouver ; je demande au bon Dieu de toute l'ardeur de mes prières qu'il daigne vous en récompenser en versant sur vous en plus grande abondance le trésor de ses bénédictions : mon affliction a été bien grande aussi en apprenant cette douloureuse perte ; mais le bon Dieu qui envoie les croix, est aussi celui qui aide à les porter et qui place à côté d'elles leur consolation ; les ménagements de mes mères en me l'annonçant et les douces consolations qu'elles m'ont prodigué ont beaucoup adouci ma peine, et N.-S. a versé dans mon âme son beaume consolateur; je suis persuadé qu'Aralde est heureux et les sentiments de la lettre d'Eudoxie me prouvant qu'elle a choisi le meilleur consolateur, celui qui seul a le don de pénétrer les cœurs et qui n'afflige ceux qu'il aime que pour leur faire éprouver les effets de sa miséricorde, de sa bonté. Mon sacrifice est consommé à présent sans la moindre réserve, car depuis ce matin où j'ai eu le bonheur de communier, mes inquiétudes et mes peines au sujet d'Eudoxie, sont certainement dissipées. N.-S. m'a fait sentir qu'il pouvait bien lui suffire et que pourvu que nous mettions en lui seul toute notre confiance, il saurait bien pourvoir à tout et procurer à cette chère amie, tous les soulagements, toutes les consolations nécessaires ; j'ai donc déposé toutes mes angoisses et mes sollicitudes dans le cœur de Jésus, et je suis persuadée que lui et sa Sainte Mère, bien mieux que moi et tout ce qui existe sur la terre pourront tenir lieu à ma bonne Eudoxie, *du frère si justement chéri que nous venons de perdre.* D'ailleurs puisqu'il est dans le Ciel avec nos bons parents, il est bien plus facile de veiller de là sur nous et de faire descendre du trône des miséricordes tous les secours dont nous pouvons avoir besoin. Mme B^t, que nous avons le bonheur de posséder à Rome encore pour quelque temps, a pris une bien grande part à cette perte, c'est elle-même qui a bien voulu se charger de m'y préparer et de me l'annoncer avec tous les ménagements qu'inspire la tendresse d'une mère, elle me regarde tout à fait comme sa fille et j'en ai pour elle tous les sentiments, je me rappelle souvent ce que vous me disiez, mon cher oncle, qu'elle vous représentait grand'maman, et cela me fait du bien ; au reste, c'est aussi une sainte et elle ne doute pas que *notre cher Aralde* ne soit dans le ciel en voyant les sentiments dans lesquels il a terminé ses jours. Les détails que j'ai reçu ne me satisfont pas pleinement et si vous en saviez davantage mon cœur les recueillerait avec plaisir. Vous verrez par ma lettre à Eudoxie que mes vœux sont retardés

---

(1) *Eudoxie* est la sœur de *Mélanie.*

et que je ne les prononce pas encore, quoique mes deux ans de noviciat soient sur le point d'expirer. Je sens trop fort mon indignité pour penser même à demander cette faveur, je suis une orgueilleuse qui ne peut prétendre à devenir l'épouse d'un Dieu humilié pour mon amour ; mon cœur pourtant désire cette grâce avec bien de l'ardeur, je la demande sans cesse au bon Dieu le priant de m'en rendre moins indigne, en réformant mon cœur et le conformant au sien. Unissez, je vous prie, mon cher oncle, vos prières aux miennes afin que ce changement de cœur s'opère et que je voie et connaisse sincèrement mes défauts et que j'ai la force de les corriger. *Candide* (1), en un an, a fait plus de chemin que moi en deux, mais je ne suis pas découragée, je ne suis pas même triste, toute ma confiance est en Dieu et en la Sainte-Vierge ; c'est dans leurs mains que j'ai remis tous les intérêts de mon âme, et je suis toujours la plus heureuse personne du monde, ne voulant que ce que Dieu veut et faisant de son bon plaisir le mien. Nous irons enfin bientôt habiter la maison destinée au noviciat et en même temps à l'instruction des pauvres ; je me réjouis à l'approche de ce moment qui satisfera au désir que j'ai toujours eu de travailler à l'instruction de ces pauvres enfants, de leur faire connaître qu'elles ont un père tendre et charitable qui veille sur elles, et qui un jour les appellera à lui pour les faire participantes de sa gloire. C'est à ce bonheur que nous tendons tous. Oh ! quand nous serons arrivés à ce moment décisif que toutes les peines et les souffrances de cette vie nous paraîtront peu de chose, et que nous voudrions en avoir davantage, pour un Dieu si généreux et si libéral ; je n'oublie pas que c'est bientôt la fête de ma chère tante ; je la prie d'agréer l'expression bien sincère de mes vœux pour elle et pour tout ce qui lui est cher. Ma dévotion pour son saint patron, s'est beaucoup accrue depuis que je suis à Rome, où elle est très-grande, et je le prie avec une grande confiance, pour vous ma chère tante, je n'ai plus que ce moyen de vous témoigner mon affection et ma reconnaissance et je l'emploie le plus que je puis. Je désire bien avoir des nouvelles de Mme la comtesse de Montmort, à qui je présente mon respectueux hommage. Je voudrais aussi savoir comment est la petite Sidonia, si elle se développe et se fortifie, si elle se prépare à sa première communion, je l'aime toujours beaucoup et m'intéresse bien à elle : *mes mères et particulièrement notre sainte mère générale* (2) ne veut pas que j'oublie de les rappeler à votre souvenir. Je me porte

---

(1) Sœur de Mélanie et d'Eudoxie.

(2) La supérieure du Sacré-Cœur.

à merveille, l'air de Rome qui ne passe pas pour très-bon, me convient on ne peut mieux.

Je suis, mon cher oncle et ma chère tante, avec les sentiments de l'attachement le plus reconnaissant.

Votre soumise nièce,

Mélanie de BELLAING.

P. S. Je voudrais bien, mon cher oncle, que vous me permettiez de faire dire ici et à Lorette des messes pour notre cher Aralde, et que vous me disiez la somme que vous voulez qui y soit employée ; vous pourriez la faire remettre à Paris, en même temps que le paiement de ma pension. Je crois qu'Aralde est heureux, mais les jugements de Dieu sont impénétrables, et il faut être si pur pour paraître devant lui ; nous ne saurions trop prier.

Allocution de S. E. le cardinal Zourla, vicaire de Sa Sainteté, lors de la cérémonie des vœux de Mme Mélanie DE BELLAING, *religieuse au Sacré-Cœur de Rome, au couvent de Ste-Rufine, dans le transtevère qui venait d'être* consacré le 22 juin 1833.

> « Mon âme glorifie le Seigneur, et mon esprit est ravi
> » de joie en Dieu mon Sauveur. »

De quelle douce consolation est inondé mon cœur en ce jour depuis si long-temps attendu et désiré, ce jour acheté par tant de fatigues souffertes, et tant d'obstacles surmontés. Elle luit enfin cette journée où un nouvel asile est ouvert à la jeunesse chrétienne qui viendra y puiser dans la source la plus pure, les leçons de la saine doctrine et de la morale chrétienne ! Béni soit le Seigneur qui, au milieu d'un siècle dépravé, et lorsque l'âme est si souvent flétrie par la plus cruelle amertume, daigne lui réserver encore des moments d'une jouissance si douce, et si légitime ! Lui-même touché des besoins de ce quartier comme abandonné, inspira une âme selon son cœur, et souple aux mouvements de sa grâce, et l'on vit s'élever avec autant de piété que de magnificence, ce séjour destiné à la vertu et à l'instruction. Réjouis-toi, ô Rome ! l'esprit des Paule, des Marcelles, des Françoises, n'est pas mort dans ton sein, et même en des jours si malheureux, on voit se renouveler dans tes murs leurs prodiges de dévouement et de générosité.

Et vous, ma fille, réjouissez-vous d'être par un choix spécial du Seigneur appelée la première à donner dans ces lieux l'exemple du sacrifice entier de vous-même à la gloire du cœur de Jésus et au salut des âmes ; vous allez vous unir par des liens sacrés à l'Epoux Céleste, et quel autre motif que son amour peut vous pousser à lui sacrifier votre jeunesse et les avantages que le monde voudrait vous offrir ! Allez donc, entrez généreusement dans la carrière ; suivez les traces de celles qui vous ont précédée, mais ressouvenez-vous que l'amour de Dieu ne peut être oisif ; c'est un feu dévorant, c'est une flamme ardente qui s'élance, qui veut tout embraser, et lorsqu'un cœur en est bien rempli, il devient comme un foyer qui consume tout ce qui s'en approche et toutes les œuvres sont marquées de son sceau. C'est là, la vocation sublime à laquelle vous êtes appelée ; gagner des âmes à l'amour de Jésus ! Ne vous faites pas illusion toutefois ; cette œuvre est inséparable de la souffrance de la fatigue et des amertumes ; mais le Divin Maître pour qui vous vous exposerez à ses travaux et à ses peines saura bien vous les adoucir et vous faire goûter la joie, la paix, les consolations intérieures au milieu même de tout ce qu'il y a de plus rebutant pour la nature.

Seigneur Jésus, consommez votre ouvrage, c'est vous qui avez inspiré le premier dessein de cette fondation ; c'est vous, oui, vous seul qui avez renversé les obstacles de ses nombres qui en traversaient l'accomplissement ; c'est à vous qu'il appartient de la consolider, de la faire réussir, de la conduire à sa perfection, ne permettez pas que mêlant les vues et les forces humaines à une œuvre qui est uniquement vôtre, nous venions à la gâter, conservez-la pour votre gloire, bénissez-la dans ce jour fortuné, et venez de nouveau prendre possession de ce qui vous appartient déjà par tant de titres.

Lettre du Révérend Père Général des Jésuites, du 22 juin 1833.

Le Père Roothaan présente ses très-humbles respects à M. le chevalier de Bellaing, et le prie de vouloir bien l'excuser s'il n'a pu se trouver présent au sacrifice de Mlle Mélanie, sa nièce. N'ayant pu répondre aux désirs de la fervente novice et aux invitations si pressantes de M. de Bellaing, il n'a pas manqué d'unir ses prières à celles de tant de personnes pieuses, et s'en est souvenu d'une manière particulière dans le saint sacrifice de la Messe.

Le Père Roothaan sera charmé de revoir M. de Bellaing, lundi, vers 9 heures du matin. On conviendra alors du temps de la visite des chapelles dont M. de Bellaing se trouvera certainement très-consolé, surtout de celle de St Stanislas, mort à l'âge de *18 ans*, au Noviciat.

En attendant l'honneur de voir M. de Bellaing, il le prie d'agréer ces sentiments de son dévouement respectueux.

Du Jésus, ce 22 juin 1833.

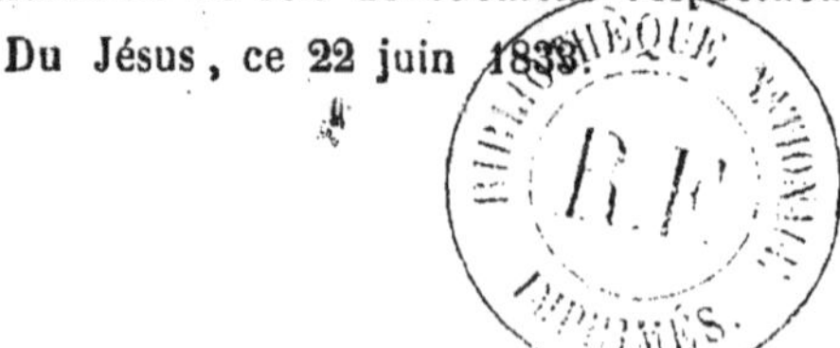

Lettre de Mélanie de Bellaing.

Rome, le 21 juillet 1833.

Mon cher oncle et ma chère tante,

Je crains de vous inquiéter, en tardant plus longtemps à vous écrire ; vous devez cependant à présent être bien rassurés sur mon compte, parce que vous m'avez vue si heureuse et si bien portante ; je continue à jouir d'une bonne santé et apprécie chaque jour la grâce qui me fut accordée de prononcer des vœux, *qui m'ont procuré le bonheur inestimable de devenir l'épouse de Dieu* (1).

La princesse *Gabrielli*, ne m'a pas encore fait sa visite ; c'est sans aucun empressement que je l'attendrai, car elle ne peut m'être agréable qu'autant qu'elle vous satisfera.

Le cardinal-vicaire, a officié dans notre chapelle le jour *de la fête de sainte Rufine* ; après la cérémonie il me fit appeler et ne m'appela pas autrement que par la *fille aînée* de sainte Rufine. Il est très-reconnaissant de la lettre que vous lui avez écrite pour le remercier d'avoir fait la cérémonie de mes vœux, *et m'a promis d'être bien sévère avec moi, pour remplir les intentions mon oncle, qui le lui avait demandé avec instance ; je pense, en effet, qu'elle égalera la vôtre et je vous avoue que je n'en suis guère effrayée.*

Votre très-affectueuse et soumise nièce,
Mélanie de BELLAING, *religieuse du S. Cœur.*

Autre lettre de la même.

Rome, 21 septembre 1833, *Trinité du Mont.*

Mon cher oncle et ma chère tante,

Je dérobe à la hâte quelques minutes pour me procurer la satisfaction de causer quelques instants avec vous, c'est un besoin pour mon cœur et si je ne le satisfais pas plus souvent cette privation est pour moi un bien grand sacrifice. Je pense qu'Eudoxie vous communiquera la lettre que je lui écris, et vous y verrez tous les détails sur ce qui me concerne, et que je n'ai pas le temps de répéter ; mais vous m'aimez tant que je crois ne pas douter de l'intérêt avec lequel vous recevez mes nouvelles, et j'en juge

---

(1) « Ne pensez vous pas, disait Mlle *de Montalembert*, à son père, qui s'opposait à ses vœux,
» que l'époux que j'ai choisi, soit assez noble ? »

par le plaisir que j'ai à en recevoir des vôtres ; ce plaisir est toujours si grand, que je crois faire un acte bien agréable au bon Dieu en différant quelques heures, et quelquefois un jour de lire les lettres que je reçois ; je répète seulement ce que j'ai déjà dit à Eudoxie, qu'à présent je me porte tout à fait bien et que je suis toujours la personne du monde la plus heureuse malgré les peines que le bon Dieu m'envoie, car je suis persuadée que ce sont les marques les plus sensibles de son amour ; il n'a donné que la croix et les souffrances à son divin fils lorsqu'il était sur la terre, que peut il faire de plus pour nous témoigner qu'il nous aime vraiment comme ses enfants, que de nous traiter comme il a traité l'unique objet de ses éternelles complaisances. Je vous remercie aussi de la relation que vous m'avez envoyée, vous avez cru me faire plaisir, et vous y avez réussi, car bien que cette lecture m'ait attendrie, elle m'a consolée et fait un grand bien. Ce cher Aralde est maintenant avec le bon Dieu, j'en suis bien certaine et il prie pour ceux qu'il aimait si tendrement ; car l'amour de Dieu n'exclut pas celui de ses parents, il l'augmente au contraire et en l'épurant il le fortifie ; pour moi qui ne suis pas parvenue à aimer le bon Dieu comme l'aime ce cher frère, je sens pourtant que plus mon désir de l'aimer et de m'unir à lui augmente, plus aussi je sens croître l'attachement que j'ai pour toutes les personnes à qui je dois tout ! Vous êtes bien au premier rang, mon cher oncle et ma chère tante, et après Candide et Eudoxie, vos noms se trouvent toujours les premiers dans mon cœur et sur mes lèvres, lorsque je prie le bon Dieu. Je demande à Eudoxie des nouvelles de Mme de Montmort et de toute la famille, engagez-la je vous prie à m'écrire bientôt, je n'ose pas vous en demander autant, parce qu'Eudoxie m'a dit, que vous étiez très-occupée depuis votre voyage qui avait arriéré de beaucoup vos affaires, vous savez pourtant tout le plaisir que me ferait une de vos lettres. Permettez-moi de vous embrasser, ainsi que ma tante Mariane et Sabine. Veuillez embrasser Eudoxie pour moi, et lui dire encore, en mon nom, tout ce que votre tendresse pour elle vous inspirera ; vous savez si bien trouver le chemin de son cœur et rien ne fait tant de bien que ce qui peut pénétrer jusque là. Adieu, je ne vous demande pas de croire à ma reconnaissance, et à mon affection, je suis sûre que vous n'en doutez pas plus que de tous les autres sentiments de mon cœur à votre égard, et vous savez que ce ne sont pas des phrases, mais que mon attachement est sincère et vient du fond de mon cœur.

Votre soumise nièce,

Mélanie DE BELLAING, R^{se} *du* S.-C.

Lettre de Mélanie à Eudoxie.

Rome, 8 décembre 1833.

Mon silence a été bien long ma chère Eudoxie, mais il n'a pas dépendu, de moi de le rompre plus tôt, car depuis longtemps je me proposais de l'écrire et toujours j'en ai été empêchée par d'autres occupations ; aujourd'hui ayant obtenu la permission de te donner de mes nouvelles, je dérobe à la hâte quelques instants pour te recommander de nouveau de ne jamais t'inquiéter lorsque je suis quelque temps sans t'écrire ; tu sais que s'il m'arrivait quelque chose d'extraordinaire, je t'en ferais part ; je me porte bien et suis toujours heureuse, dis m'en autant de toi et je serai contente. Je suis à présent très occupée de mes petites filles, leur nombre augmente, et nous avons, elles et moi, un bien grand besoin de grâces, afin de faire quelque chose de bon, car nous ne pouvons rien sans le secours du bon Dieu ; prie donc bien pour nous, chère Eudoxie, tu ne doutes pas combien je le fais chaque jour pour toi, et pour toute la famille. J'espère que mon oncle et ma tante sont toujours en bonne santé et contents de toi. Je pense que vous êtes à présent avec Mme de Montmort, je te prie de l'assurer de mes sentiments respectueux et reconnaissants ; tu me donneras de ses nouvelles quand tu m'écriras ; il y a deux mois que j'ai commencé à écrire à Candide, et n'ai pu encore terminer ma lettre ; j'en ai cependant reçu une d'elle depuis lors, mais je suppose que tu lui as donné de mes nouvelles. Il n'y a pas longtemps que j'ai vu le Père de la Marche, il m'a beaucoup recommandé de ne pas l'oublier, lorsque je vous écrirai. Je suppose que mon oncle a reçu sa réponse qui était jointe à une de mes lettres, que lui-même s'est chargé de mettre à la poste, il m'a dit qu'il n'avait pu voir le Reverend Père Rothan, pour lui demander sa réponse pour mon oncle, parce qu'il était absent, mais il pense que le Père Rothan l'aura fait parvenir directement ; peut-être mon oncle ne lui avait-il pas donné son adresse. Je t'écris poste restante à Périgueux ; dis moi s'il faut changer d'adresse. *Je n'ai plus vu la Princesse Gabrielle, elle m'avait dit, qu'elle m'apporterait le sermon que mon oncle lui a envoyé, mais depuis le départ de ma mère (1) je n'en ai plus entendu parler.* Je suis contente de ce que tu me dis dans ta lettre que mon oncle attend ta majorité avant de rien décider pour toi ; mais il reste à présent bien peu de temps, car qu'est-ce que quatre mois ; enfin tout ce qui sera décidé après ce terme sera pour le mieux, car mon

____

(1) La supérieure du Sacré-Cœur comme on la déjà dit.

oncle se laisse guider par l'esprit saint qu'il consulte toujours avant d'agir , et
tout ce que le bon Dieu ordonne est toujours pour le mieux : que nous sommes
heureuses, chère Eudoxie, d'avoir été élevées dans ces sentiments de confiance,
qui nous font voir en Dieu un Père tendre, veillant continuellement sur nous et
ne permettant rien que pour notre plus grand bien ; tâchons de nous affermir
de jour en jour dans ces sentiments, et que la foi nous aide à ne voir que Dieu
seul dans les personnes qui nous le représentent; cela ne nous sera pas difficile
à nous qui sommes si bien entourées , car sans parler de moi , ne te trouves-tu
pas sous la conduite de mon oncle et ma tante qui sont si vertueux et qui se rap-
prochent continuellement de Dieu en s'efforçant chaque jour de lui plaire davantage ; enfin, ma chère Eudoxie , nous pouvons dire que le bon Dieu nous
aime d'un amour de prédilection , car s'il nous a envoyé des croix c'était pour
nous unir plus étroitement à lui et ce sont des preuves de sa tendresse et de
sa miséricorde, c'est le jour de l'Immaculée Conception que je t'écris ; cette fête
est bien chère aux Enfants de Marie ; je t'ai enfoncée aujourd'hui bien avant
le cœur de ma tendre mère , je l'aime chaque jour davantage ; elle me comble
de tant de faveurs. Je dois finir , chère Eudoxie, c'est en t'embrassant de bien
bon cœur ; ah ! que nous serons heureuses dans le ciel , puissions-nous y être
bientôt réunies à nos chers parents , à notre bon petit Aralde, je suis sûre qu'il
demande cette grâce pour nous ; en attendant aimons le bon Dieu , souffrons
patiemment l'exil de cette vie , et travaillons pour notre Divin Maître ! Tu sais
tout ce dont je te charge pour mon oncle et ma tante , car tu connais les sentiments de mon cœur à leur égard , et je crois qu'ils ne font que croître chaque jour , parce que je comprends davantage tout ce que je leur dois.

Adieu donc, Eudoxie, prions bien l'une pour l'autre , c'est le moyen le
meilleur de nous prouver que nous nous aimons.

Ta sœur bien affectionnée ,

Signé , Mélanie de BELLAING.

———

Lettre de la princesse Gabrielli à M. Léopold de Bellaing.

Rome, le 25 août 1833 (1).

Monsieur ,

On ne peut pas être plus sensible que je le suis, à l'obligeant et aimable empressement, que j'avais de posséder en ma propriété , l'excellent discours pro-

---

(1) Cette lettre, qui n'a pas été citée à sa date est rappelée ici la dernière, parce qu'elle
résume très-bien l'esprit des *Souvenirs religieux,* en même temps qu'elle est un témoignage
de haute estime, auquel la famille de M. de Bellaing attache un grand prix.

noncé, à la prise d'habit d'une de vos nièces ; je le relirai avec grand plaisir et j'espère qu'il excitera dans d'autres âmes, les douces émotions qu'il m'a fait éprouver avec plus de profit que je n'en puis retirer moi-même.

J'avais déjà prié votre chère Mélanie, de vous faire mes remercîments pour l'année spirituelle que vous m'avez fait connaître, et dont je suis déjà en possession avec un grand désir d'en profiter, — j'admire comme en peu d'instants, les personnes qui aiment Dieu, peuvent faire de bien, — j'ai eu à peine le temps de jouir de votre société et de celle de votre famille, dont le départ doit partout laisser des regrets ; mais ces courts moments sont appréciés par moi, car on rencontre bien rarement *dans le monde d'aujourd'hui*, des personnes dont on ait à s'applaudir devant Dieu, d'avoir fait la connaissance, et qui joignent l'honorable et le solide, comme dans la famille de Bellaing.

. . . Je me dis, de nouveau, Monsieur, votre affectionnée et obligée servante.

CHARLOTTE, princesse GABRIELLI.

CONCLUSION.

Les *autographes* de ces divers documents, de ces souvenirs religieux, que nous ne reproduisons ici *qu'en copies*, seront conservés avec soin, pour être transmis comme un honneur et surtout comme un exemple, de génération en génération, aux membres de notre famille, dont la devise, sera *toujours : prier, travailler, marcher droit.*

C'est mon dernier adieu.

Oloron-Sainte-Marie (Basses-Pyrénées), janvier 1871.

Léopold de BELLAING.

Pau, Impr. É. VIGNANCOUR.